Übers Christkind

für all meine Kinder

Marina Bauer

Übers Christkind

Geschichten und Gedichte für Erwachsene Kinder

Bibliografische Information der Deutschen Nationalbibliothek
Die Deutsche Nationalbibliothek verzeichnet diese Publikation
in der Deutschen Nationalbibliografie; detaillierte bibliografische
Daten sind im Internet über http://dnb.dnb.de abrufbar.

© 2014 Marina Bauer
Titelbild und Bilder: von Christina Eichhorn
Satz, Umschlaggestaltung, Herstellung und Verlag:
BoD – Books on Demand
ISBN 978-3-7357-1305-6

Inhalt

Wie es zu diesem Buch kam 7

Wie das Christkind aussieht................ 11

Weihnachten bei den Waldwichteln 12

Familienfest 16

Das Christkind und der alte Mann 18

Weihnachtswunderbaum.................. 24

Flocke................................. 27

Wenn ich das Christkind treffen würde 31

Die Weihnachtsmette..................... 32

Eine weihnachtliche Begegnung 37

Christkind-Gedicht 40

Berg und Tal............................ 41

Weihnachtszählerei bis 24 47

Fremde Stadt 48

Waldfee von Laura 56

Weihnachtseindruck vom Laund 57

LiebesChristkind 59

Das Weihnachtshäuschen 66

Die G'schicht von der heiligen Nocht 75

Is Christkind und die Woidtiere 80

DANKE … 82

Über die Autorin: 84

Wie es zu diesem Buch kam ...

In unserer heutigen Zeit wird an Weihnachten das Christkind immer mehr aus unserer Gesellschaft verdrängt und durch rotbekleidete übergewichtige Männer ersetzt. Als Mutter und Erwachsene wird es dadurch für mich auch immer schwieriger, unseren Kindern ein Bild vom Christkind weiter zu geben und ihnen die Werte und Gefühle von Weihnachten zu lehren. Es liegt mir sehr am Herzen, dass das Christkind nicht in Vergessenheit gerät, da es in unserer Tradition und Kultur untrennbar mit Weihnachten verbunden ist.

Ansetzen möchte ich daher bei uns Erwachsenen mit meinen einfachen Geschichten – die auch sehr wohl für Kinder geeignet sind – da ich es als unsere Aufgabe empfinde, das Bild des Christkindes an unsere Kinder zu vermitteln.

Meine schönsten Erinnerungen an Weihnachten sind mit dem magischen Christkind und den dazugehörigen Bildern, Gerüchen und Gefühlen verbunden ...

... du sitzt am Fenster und beobachtest die Kinder, wie sie trotz der Kälte strahlend lachend mit roten Backen auf ihren Schlitten heimwärts ziehen. Es hat heftig zu schneien

begonnen. Die Sonne steht schon sehr tief und taucht die vereiste weiße Landschaft in ein angenehmes rosa Licht. Du hörst das Knacken des Holzes im Ofen neben dir und deine Hände sind angenehm warm von einer Tasse Tee, die du hälst. Ein Duft nach Zimt und Äpfel strömt dir daraus entgegen und während du einen kräftigen wärmenden Schluck nimmst, kuschelst dich tiefer in deine weiche Decke …und plötzlich ist es da, das Gefühl, das für dich Weihnachten bedeutet.

Ich habe versucht, einfache Worte zu wählen, diese aneinander gereiht in Geschichten verpackt und mit einer Prise Kitsch und Zauber verfeinert. Wenn durch diese Mischung ein vergessen geglaubtes (Weihnachts)Gefühl bei dir geweckt wird und die Erinnerung ans Christkind – sei es nur für einige Augenblicke – dann habe ich mein Ziel erreicht.

Ein weiteres Anliegen war mir auch, kurze Gedichte in unserer Mundartsprache zu verfassen. In „G'scheat" werden oft Gefühle und Emotionen noch einfacher transportiert. Den Abschluss bilden zwei weihnachtliche Mundart-Krippenspiele, welche ich schon an Heiligen Abend mit Kindergruppen gespielt habe. Die Kinder waren begeistert, genauso wie die Erwachsenen.

In der Hoffnung, dass es mir gelingt, Weihnachtsstimmung zu zaubern wünsche ich mir, dass das ganze Jahr über ein Gefühl von Weihnachten in jedem von uns zu finden ist ☺!

HerzLICHsT Marina

Wie das Christkind aussieht

Wie das Christkind aussieht – willst du mich fragen?
Nun gut, ich werde es mit einfachen Worten wagen
dir mein Bild zu beschreiben.
Ich hoffe, ich werde nicht zu sehr übertreiben.
Doch für mich ist das Christkind einfach wunderbar
und wie es aussieht, ist mir auch sonnenklar.

Es hat ein weißes Kleidchen an
und hinten sind zwei weiche Flügel dran.
Alles glitzert, funkelt und glänzt
ein warmes Jäckchen seine Kleidung ergänzt.
Seine Arme sind zärtlich und auch voller Kraft,
damit es die ganze weihnachtliche Arbeit schafft.
Goldenes Haar umrahmt sein liebliches Gesicht
seine Löckchen sind ein wahres Gedicht.

Die zwei Augen strahlen wie der Morgenstern
und sagen dir ohne Worte: ich hab dich gern.
Das Lächeln geht dir unter die Haut
weil es voller Liebe auf dich schaut.
Genauso habe ich das Christkind erlebt
und ich hoffe, dass es dir genauso geht.

Weihnachten bei den Waldwichteln

Oh ja, meine kleinen und großen Kinder, die Waldwichteln gibt es wirklich! Wenn du nur achtsam durch den Wald gehst, kannst du ihre Eingangstüren sehen. Sie sind versteckt zwischen den moosbewachsenen Wurzeln der großen Bäume und dahinter befinden sich ihre Wohnungen. Und von einer Waldwichtelfamilie will ich euch heute erzählen:

Wichtel Adrian lebte mit seiner Familie in einer gemütlichen Wichtelwohnung gleich bei der alten Buche mitten im Wald. Zu seiner Familie gehörten Mama Wichtel mit dem schönen Lächeln, Papa Wichtel mit seinem handwerklichen Geschick und seine zwei kleinen Schwestern.

Es war die Nacht vor dem Heiligen Abend und der Schnee lag sehr hoch im Wald, was es den Wichteln schwer machte, ihre Wohnung zu verlassen. Doch in der Baumwohnung war es gemütlich. Überall hingen getrocknete Orangenschalen, die einen angenehmen Duft verströmten, gemeinsam mit den Reisignadeln, die die Moosbetten der Wichtel noch gemütlicher machten. Im Ofen prasselte ein wärmendes Feuer. Mama Wichtel kochte daneben einen heißen Kakao und Papa Wichtel erzählte im Schaukelstuhl Geschichten, wie die Menschenkinder auf das Christkind warten. Die zwei Schwestern lauschten mit großen glänzenden Augen. Nur Adrian war es schwer ums Herz. „Ach, hör doch auf Papa, wir sind Wichteln, keine Menschenkinder. Das Christkind gibt es nicht, ich habe es noch nie gesehen! Was ich nicht sehen kann, gibt es nicht!", murrte er. „Was soll das heißen, Adrian? Das Christkind gibt es, genauso wie es uns gibt, obwohl die Menschen nicht an uns glauben. Das Christkind ist für alle da und es vergisst niemanden, merk dir das!", sagte sein Vater aus voller Überzeugung. Adrian antwortete nicht und ging zornig über die Rüge in sein Nachtlager.

Die Nacht war stürmisch kalt und der Wind pfiff durch die Zweige. Adrian fand keinen Schlaf, seine Gedanken und der Wind hielten ihn wach. „So ein Blödsinn, das Christkind gibt es nicht und es wird auch nicht zu uns kommen. Papa erzählt Lügengeschichten", dachte er trotzig.

Am nächsten Morgen wachte er schlecht gelaunt auf und konnte beim Frühstück auch nicht die Vorfreude seiner Schwestern teilen. Sie wollten nachmittags den schönsten Tannenzweig für die Stube suchen, um ihn für das abendliche Weihnachtsfest zu schmücken. Trotzdem schloss er sich seiner Familie an, als diese warm eingepackt sich einen Weg durch den Schnee bahnte. Erst das Glitzern des Schnees und der schöne Anblick des verschneiten Waldes erhellten Adrians Stimmung. Als dann noch ein Schneeball seine warme Mütze traf, musste er lachen.

Im Nu flogen ausgelassen Schneebälle durch die Luft. Das Jauchzen und Lachen der Kinder war weithin zu hören. Mama Wichtel entdeckte zwischen zwei Bäumen eine eisige Rutschbahn über eine lange Wurzel, wo sie auf kleinen Rindenstücken hinunter rodeln konnten. Vor lauter Spaß hatten sie ihr Vorhaben komplett vergessen und merkten erst, dass es Zeit war heim zu gehen, als die Dämmerung hereinbrach. Seine kleine Schwester wurde weinerlich, da sie ja ihren Tannenzweig für das Weihnachtsfest vergessen hatten. Mama Wichtel tröstete sie, dass sie auch ohne den Zweig feiern könnten. Die Stimmung im Wald hatte sich geändert: von ausgelassen zu ruhig und feierlich. Adrian freute sich mittlerweile auf das Fest am Abend, dazu brauchte er kein Christkind, er hatte ja seine Familie.

Sie näherten sich ihrer Wohnung bei der alten Buche, aber es war etwas anders als sonst. Familie Wichtel sah plötzlich ein helles strahlendes Licht aus ihren kleinen Fenstern und der offenen Tür strömen. Sie hörten ein feines Glöckchen läuten, gefolgt von einem silberhellen Kichern, das aus dem Wolken zu kommen schien und welches rief: „Frohe Weihnachten, ihr lieben Wichtel und vor allem dir, Adrian!" Das konnte doch nicht sein, oder doch? Adrian lief so schnell er konnte und war der erste in ihrer Wohnung. Dort sah er den schönsten Tannenzweig, den er je gesehen hatte, welcher über und über mit glitzernden Lichtern übersät war und vielen kleinen Naschereien. Ja, auch Wichtelkinder naschen gerne. Und dann erst die Geschenke! Für jeden lag ein buntes Päckchen unter dem Zweig. Mittlerweile stand die ganze Familie in der Stube und bewunderte das Werk vom Christkind. Die Freude war riesengroß und sie stimmten ein Weihnachtslied an.

Adrian war wie verzaubert und er bat seinen Vater um Verzeihung, weil er seinen Worten keinen Glauben geschenkt hatte. Durch diese Überraschung vom Christkind hatte er fürs Leben gelernt, dass es mehr gibt, als man sehen kann.

Familienfest

Mögen wir unsere Herzen öffnen,
worum es um Weihnachten geht
und nicht jeder nur hektisch
in einer Einkaufsschlange steht,
um ja für jeden irgendwas zu besorgen,
dafür müssen sich einige sogar Geld ausborgen.
Es soll ja ein unvergessliches Fest werden
damit sich ja keiner kann beschweren.

Schöner wäre eine gemeinsame harmonische Zeit,
denn das Fest der Liebe wäre dafür bereit.
Doch stattdessen sitzen wir zusammen
und nörgeln an allem herum,
dabei wird das Selbstvertrauen
von manch einem ganz krumm.
Liebende Worte sind ganz weit weg
und die Fehler des anderen
ziehen wir durch den Dreck.

Der ganze Weihnachtsdruck hat uns dazu gebracht,
wir haben nicht einmal gemeinsam gelacht,
sondern sind alle ziemlich nervlich angespannt
und die Christbaumkerzen
sind schon fast abgebrannt ...

Als endlich der Funke von Weihnachten überspringt
und unsere Augen zum Leuchten bringt.
Ein gemeinsames Lächeln verbindet uns wieder
und wir singen 5 stimmig und falsch
einige Weihnachtslieder.

Eine Umarmung lässt die Herzen
dann miteinander sprechen
und die vorigen stressigen Stunden
der Anspannung zerbrechen.
Den Abschluss des Festes bildet ein
von Herzen kommendes Dankeschön,
dann können wir in Weihnachtsfrieden
wieder auseinander gehen.

Das Christkind
und der alte Mann

Es war der Heilige Abend. In einigen Häusern hörte man schon das Jubeln der Kinder und spürte die Freude der Menschen über das Weihnachtsfest. Nur in einem Haus am Ende der Gasse herrschte bedrückende Stille. Außer dem regelmäßigen Ticken einer großen Standuhr war nichts zu hören.

Ein alter Mann lebte dort alleine mit seinem Kater Gutfried. Er saß in seinem alten Lehnsessel mit einer Tasse heißem Tee vor dem offenen Kamin und starrte in die Flammen. „Weißt du Gutfried, das Christkind hat mich vergessen, genauso wie die Menschen, die mir wichtig sind", sprach er traurigen Herzens. Kater Gutfried spitzte die Ohren. „Früher kam noch das Christkind zu uns, als meine liebe Frau noch lebte und unsere Kinder Richard und Anna klein waren. Jetzt sind nur wir zwei da und an uns denkt keiner mehr." Er seufzte. Kater Gutfried sprang auf seinen Schoß, schnurrte und kuschelte sich eng an ihn. Auf seine Art wollte er dem alten Mann damit sagen, dass das Christkind niemanden vergisst. „Ach Gutfried, lass es gut sein, wir sind zu alt, keiner will mit uns feiern!"

Eine kleine Träne der Trauer und Einsamkeit löste sich aus seinem Auge und fiel auf das Fell des Katers. So saßen sie da und der Mann hing seinen trübseligen Gedanken nach, viel Traurigkeit, Enttäuschung, Sehnsucht und auch Wut auf seine Kinder war dabei. Sie hätten ihn ja zumindest anrufen und ein Frohes Fest wünschen können, wenn sie schon nicht mit ihm und dem Kater feiern wollten ... aber nein, nichts. Bitterkeit nahm von seinem Herz Besitz.

Er war schon fast eingeschlummert, als sie plötzlich ein Glöckchen hörten. Nein, es war nicht die Türglocke. Das konnte doch nicht das Glöckchen vom Christkind sein?! Wie von Zauberhand öffnete sich die versperrte Eingangstüre und das Christkind stand im Raum. Der alte Mann und der Kater kamen aus dem Staunen nicht mehr heraus. „Hallo ihr Lieben, ich wünsche euch eine frohe Weihnacht! Darf ich mich ein bisschen zu euch setzen? Ich hatte heute einen ziemlich anstrengenden, aber wundervollen Tag", sprach das Christkind mit seiner glockenhellen Stimme. Sofort holte der alte Mann einen zweiten Lehnstuhl zum Kamin, in dem das Christkind Platz nahm. „Eine Tasse Tee, liebes Christkind?", sprach der Mann noch immer mehr als verwundert. „Ja bitte sehr gerne. Ich bin persönlich zu euch gekommen, weil ich euch mitteilen wollte, dass ich heuer keinen Christbaum und Geschenke für euch habe." Der alte Mann wurde wieder verbittert und fühlte sich in seinen Gedanken bestätigt, dass er es nicht mehr wert war, Weihnachten zu feiern.

„Ach was denkst du nur, lieber alter Mann! Natürlich ist das Weihnachtswunder für dich genauso da, wie für jeden anderen. Es geht um den tieferen Sinn, um die Liebe und das Licht, das geboren wurde."
„Meine Kinder haben mich nicht einmal angerufen und gefragt, wie ich Weihnachten verbringe und nun kommst auch du und sagst, dass wir nicht Weihnachten feiern", entgegnete der Mann. „Hast DU sie angerufen und gefragt, wie es ihnen geht, wie sie feiern? Hast DU angerufen und ein frohes Fest gewünscht?" Das musste der Mann verneinen. Das Christkind sprach weiter: „An Weihnachten erkennt man oft die Qualitäten einer Beziehung und diese hat zwei Seiten, ein Geben und ein Nehmen, ein füreinander da sein. Wer liebenden Herzens ist macht oft den ersten Schritt auf den anderen zu ohne eine Gegenleistung zu erwarten."

Wie recht das Christkind doch hatte! Wie Schuppen fiel es dem Mann von den Augen. Hatte er seine Kinder angerufen? Hatte er gefragt, wie es ihnen geht und was sie machen? Sein verbittertes Herz öffnete sich und vergessen waren all die vorigen negativen Gedanken. Der alte Mann sprach zum Christkind: „Ich danke dir für deine schönen weisen Worte. Würde es dir etwas ausmachen, wenn ich kurz telefoniere?" Das Christkind lächelte erfreut und schüttelte den Kopf.

„Hallo Richard? Hier ist Papa, es tut mir leid, dass ich mich nicht früher gemeldet habe. Ich wollte euch von Herzen ein frohes Weihnachtsfest wünschen!"

„Papa! Wie ich mich freue, aber bist du nicht bei Anna?!?"

„Nein, ich bin mit Gutfried zu Hause."

„Oh nein! Wie konnte das nur passieren! Vor lauter Weihnachtshektik haben Anna und ich vergessen, uns abzusprechen. Es tut mir so leid, Papa, aber ich danke dir, dass du mich angerufen hast. Wir machen das wieder gut. In einer Stunde. Bitte, bitte sei uns nicht böse!" und schon legte Richard auf.

Der alte Mann lächelte nach dem Telefonat, das Christkind freute sich sehr und der Kater schnurrte zufrieden. Sie tranken ihren Tee und plauderten. Dann machte sich das Christkind wieder auf den Weg. Der alte Mann umarmte es fest und bedankte sich herzlich für den Besuch und das herzöffnende Gespräch.

Wieder saß ein alter Mann am Heiligen Abend alleine mit seinem Kater in seinen Lehnsessel vor dem Kamin- Doch dieses Mal war der alte Mann aufgeregt und voller Freude wie ein kleines Kind. Ein großes Lächeln zierte sein Gesicht. Er wartete, was wohl passieren würde und er fühlte sich um 60 Jahre rückversetzt, wo er auch immer freudig auf das Christkind und seine Gaben gewartet hatte.

Er entdeckte durch das Fenster, dass zwei Lichter auf sein Haus zukamen. Es war Richards Auto. Aber was war das? Auf einem Anhänger stand ein vollgeschmückter Christbaum, dessen Glöckchen im Fahrtwind leise läuteten. Richard stieg aus und holte den Christbaum vom Anhänger. Seine Frau und die zwei Kinder stiegen mit lachenden Gesichtern bepackt mit Weihnachtsgeschenken aus dem Auto. Wie sich der alte Mann freute! Dann noch zwei Lichter, die sich dem Haus näherten.

Annas Auto! Sie sprang heraus mit einer riesigen Schüssel, in der sich ein duftender, kross gebratener Truthahn befand. Ihr folgten ihre drei Kinder, die ebenfalls je eine Schüssel mit köstlichen Beilagen trugen. Der letzte in der Reihe bildete Annas Mann, der einen großen Teller voll mit Weihnachtsbäckerei bei sich hatte. Der alte Mann staunte und lachte über seine Kinder.

In den nächsten Minuten wurde umarmt, begrüßt, gecherzt und entschuldigt und wieder umarmt. In Nu wurde das Wohnzimmer des alten Mannes in eine prachtvolle Weihnachtsstube verwandelt. Sie speisten gemeinsam und auch Kater Gutfried bekam ein großes Stück Weihnachtsbraten ab, was ihn sehr freute. Danach folgte die Bescherung. Es wurde gesungen und die Kinder jauchzten über jedes Geschenk und spielten sogleich ausgelassen damit. Die Erwachsenen saßen um den Kamin und plauderten angeregt miteinander.

Der alte Mann saß in der Mitte in seinem Lehnstuhl mit Kater Gutfried auf seinem Schoß und beobachtete glückselig den Trubel um ihn herum. Wieder löste sich eine kleine Träne aus seinem Auge und fiel auf das Fell des Katers. Doch dieses Mal war es eine Träne der Liebe, der Freude und des puren Glücks.

Weihnachtswunderbaum

Sie gingen nebeneinander durch die Straße. Der Regen prasselte unaufhörlich auf sie nieder und gefror schwer auf den Bäumen. Sie gingen nebeneinander, nicht mehr miteinander.

Im Laufe der Zeit hatte das Miteinander aufgehört. Sie schwiegen, sie hatten sich nicht mehr viel zu sagen. Jeder hängte seinen Gedanken nach. Sie war unglücklich und sinnierte während des Gehens, ob es das gewesen war. Liebevolle Aufmerksamkeiten wurden abgelöst von liebloser Routine. Alltag hatte die Liebe auf ein Minimum reduziert. Sie überlegte, ihn zu verlassen, um noch einmal in ihrem Leben Liebe zu erfahren, so wie sie es am Anfang ihrer Beziehung hatten. Mit tanzenden Schmetterlingen, mit ausgesprochener Liebe. Nur mit einem anderen noch unbekannten Mann.

Sie musste ihm ihren Entschluss heute noch mitteilen, auch wenn es der Weihnachtsabend war. So konnte sie nicht weitermachen. Sie musste ihre Gefühle leben und brauchte einen Partner, dem sie sie mitteilen konnte. Sie konnte es mit ihm nicht mehr. Das Gedankenkarussell hing fest, sie blickte stur nur in diese eine Richtung. Sie fand in diesen Moment keinen anderen Ausweg, um wieder glücklich zu sein, außer ihn zu verlassen …

Es geschah unerwartet. Der Baum brach unter seiner schweren Last und begrub ihn unter seiner mächtigen Krone. Sie erstarrte, Angst nahm von ihr Besitz. Ihr einsamer schmerzerfüllter Schrei hallte durch die Straße und blieb ungehört. Das Gedankenkarussell drehte sich wieder, hatte eine andere Richtung eingeschlagen, es drehte sich vom Kopf tiefer ins Herz. Sie rief immer wieder seinen Namen, doch nur die beklemmende Stille antwortete ihr. Dann die Gewissheit: sie hatte ihn verloren. In ihr zerbrach etwas, so durfte es nicht enden. Sie liebte ihn, das wurde ihr in den Sekunden des schmerzlichen Verlustes schlagartig klar. Wie sehr schämte sie sich ihrer vorhergegangenen Gedanken. Tränen rannen über ihr Gesicht, sie froren auf ihren Wangen schuldbewusst fest. Verzweifelt rüttelte sie an den Zweigen, versuchte ihn zu erreichen.

Das Christkind hatte die Szene und Gedanken der Frau beobachtet. Es bemerkte die Veränderung der Frau, hörte das Flehen um eine zweite Chance und beschloss ein Weihnachtswunder ...

In der eisigen Stille gefangen hörte sie jemanden ihren Namen rufen, zuerst leise, dann immer lauter und kräftiger. Mit einem Herzschlag wurde ihr klar, dass er lebte! Eine ungeahnte Kraft und Liebe durchströmte sie. Sie schafften es gemeinsam, ihn unter der Baumkrone zu befreien. Er war nur kurz bewusstlos durch den Schlag gewesen, war aber unverletzt. Minutenlang hielten sie sich stumm und fest im Arm. Der Schock löste sich und sie redeten und redeten. Die Tränen rannen unaufhörlich und reinigten ihre Seele. Es begann zu schneien und sie lachten und tanzten über ihr Glück im Schnee wie zwei verliebte Schmetterlinge ...

Flocke

Die Familie hatte sich ihren Herzenswunsch erfüllt. Endlich hatten sie ihr Traumhaus in den Bergen gefunden. Umgeben von Wäldern hatten sie es sich gemütlich gemacht.

In einigen Tagen war Weihnachten und es sollte ihr wundervollstes Weihnachtsfest werden. Die Kinder liebten ihr neues zu Hause und ihr Glück wurde vervollständigt durch ihren treuen Familienhund Flocke. Flocke war stets dabei, achtete auf seine Familie, wenn sie Streifzüge durch die verschneiten Wälder machten und war ihnen ein treuer Kamerad. Er wurde von allen heiß geliebt.

Andre wollte sich mit seinen Wagen auf den Weg ins Tal machen, um noch einige Weihnachtsgeschenke zu besorgen. Die Straßen waren verschneit und eisig und er versprach seiner Frau, vorsichtig zu fahren. Flocke beobachtete seinen Herrn, wie er seiner Frau zuwinkte und aufs Auto zuging. Schnell rannte er zu ihm und gab ihn durch kräftiges Schwanzwedeln zu verstehen, dass er mitfahren wollte. Andre lächelte verständnisvoll: „Na dann komm mit, alter Junge. Ich freue mich über Gesellschaft," und er ließ ihn auf die Rückbank Platz nehmen. Sie fuhren die Serpentinen runter ins Tal, als Andres Handy piepste. Eine SMS. Andre las und begann sie zu beantworten. Er war unaufmerksam und hatte den Blick aufs Handy gerichtet, daher sah er nicht den riesigen Baum, der quer über die Straße lag. Flockes wachem Blick entging die Gefahr nicht und er begann aufgeregt zu bellen. Andre blickte von seinem Handy auf und verriss das Auto. Der Wagen überschlug sich mehrmals und landete im Straßengraben. Flocke wurde weit aus dem Auto geschleudert und blieb regungslos im dichten Gebüsch liegen. Schneeflocken fielen auf sein Fell und bald sah man nichts mehr von ihm.

Andre hatte Glück, ein Räumfahrzeug fand ihn und er wurde nur leicht verletzt ins Krankenaus gebracht.

Glück und Trauer lagen in diesen letzten Tagen vor Weihnachten nah beieinander. Andre war von Herzen dankbar, das Flocke ihm das Leben gerettet hatte, aber die Trauer, dass er seines lassen musste und sie ihn nicht gefunden hatten, war innerhalb der Familie spürbar.

Die Kinder weinten bittere Tränen um ihren verlorenen Freund. Andre versuchte sie zu trösten, obwohl es ihm selbst schwer ums Herz war: „Das Christkind wollte wohl den allerbesten Hund bei sich im Himmel an Weihnachten haben. Es geht ihm sicher gut und er spielt mit all den Engeln."

Da schrieben die Kinder Briefe ans Christkind, damit es gut auf ihren Flocke im Himmel aufpassen sollte. Sie gaben darin Anweisungen, was er am liebsten spielte, über sein Lieblingsfressen und wo er es gern hatte, gekrault zu werden. Das Christkind las die Briefe aufmerksam, aber es hatte seine eigenen Pläne ...

Am Weihnachtsabend freuten die Kinder sich über die Geschenke vom Christkind. Die Trauer um Flocke war aber noch sehr spürbar und sie hatten ein Bild von ihm unter den Christbaum gestellt, damit er dabei sein konnte.

Sie zogen sich warm an, um sich auf den Weg zur Mette zu machen. Der Weg durch den verschneiten Wald war wunderschön und wurde durch den Mond in ein magisches Licht getaucht. Sie kamen an der Stelle vorbei, wo Andre mit Flocke den Unfall hatte und Andre dankte seinem Lebensretter erneuert von Herzen.

Sie waren einige Schritte weitergegangen, als sie es hörten. Erst leise, ein Wimmern, dann wurde es lauter. Es war ein Bellen, ein bekanntes Bellen. Ihnen stockte der Atem, eine Erkenntnis durchströmte sie. Und da endlich erblickten sie im Mondlicht sein Fell gefangen im dichten Gebüsch. Sie stürmten und stolperten schreiend und lachend auf Flocke zu. Acht Hände zugleich versuchten ihn zu befreien, was ihnen schließlich gelang. Flocke war sehr schwach und abgemagert, aber er lebte. Er lebte! Die empfundene Freude lässt sich nicht in Worte fassen und sie brachten ihren Hund nach Hause.

Er wurde verarztet, gefüttert, gestreichelt und dann wieder liebkost. Als Flocke schläfrig wurde, stellten die Kinder sein Körbchen unter den Weihnachtsbaum.

Jetzt endlich war Weihnachten und Bescherung. Die Familie dankte dem Christkind und sie waren sich einig, dass es ihnen das wundervollste und unbezahlbarste Geschenk auf der ganzen weiten Welt gemacht hatte!

Wenn ich das Christkind treffen würde ...

... würde ich es wagen
und es ihm direkt ins Gesicht sagen,
wie es passieren konnte, dass der Weihnachtsmann
bei uns regiert
und es sich dafür nicht einmal geniert?!
Mit lächelnden Augen würde mich das Christkind
anschauen:
Mein Kind, du darfst den Menschen mehr vertrauen.
Ein jeder darf an das glauben, was das Herz ihm
sagt.
und kein anderer darf einen verurteilen, für das
was er mag.
Würde allen diese einfache Regel mehr am Herzen
liegen,
gäbe es keinen Unfrieden mehr und die Liebe
würde siegen.

Die Weihnachtsmette

Das ganze Dorf hatte sich in der kleinen Kirche versammelt, um die Weihnachtsmette gemeinsam zu feiern. Der Pfarrer predigte von seiner Kanzel über Weihnachten und dessen Bedeutung.

Das Christkind schaute heimlich vorbei, es freute sich, dass so viele Menschen sich versammelt hatten, um seinen Geburtstag zu feiern. Es schaute dankbar über die Leute und klinkte sich in ihre Gedanken ein. Doch was war das? Keine Spur von Weihnachtsgefühlen wie Nächstenliebe und Dankbarkeit!

Da saß die Fallner-Bäuerin in der ersten Reihe und ärgerte sich über die neue Freundin ihres jüngsten Sohnes: „So ein modernes Mädchen aus der Stadt hat er sich genommen. Die passt nicht in unser Dorf. Die denkt nur an ihre Karriere und verdreht ihm mit ihren gefärbten Haaren den Kopf. Was die Leute da wieder reden werden …". Verdutzt schüttelte das Christkind den Kopf.

Auch die Gedanken vom Goller Gustav waren nicht besser: „Wie schafft mein Nachbar das nur mit dem neuen Auto? Er arbeitet nicht einmal so viel und hart wie ich und hat sich erst einen neuen Fernseher gekauft und nun hat er auch noch ein größeres Auto als ich. Der kriegt sicher Geld vom Staat wegen seiner vielen Kinder. Ein richtiger Schmarotzer und das auf meine Kosten ...".

Beim jungen Dominik drehte es sich um die Geschenke: „Bah, schon wieder nur was zum Anziehen und Gutscheine und dann noch die alte Uhr von Opa, die mir Papa ganz feierlich überreicht hat. Ich muss versuchen, die komische Uhr zu versteigern, dann kann ich sie wenigstens zu Bargeld machen. Da geschieht meinen Alten schon recht, dass ich ihnen nichts zu Weihnachten geschenkt habe. Immerhin kriege ich auch nur komisches Zeugs und ich bin das Kind, das beschenkt werden muss ..." Das Christkind kam aus seiner Verwunderung gar nicht mehr raus.

Die Schaller Verena hatte nur Gedanken im Kopf, wie die Spatzer-Bäuerin an die schöne rote Jacke gekommen war, die sie heute trug: „Die Jacke muss ihr sicher die Tochter gekauft haben, die hat ja sonst auch keinen guten Kleidergeschmack. Fast zu modisch für ihr Alter. Mir würde die besser stehen ..."

Dahinter saß das alte Ehepaar Adler. Genervt warfen sie sich in diesem Gottesdienst schon das fünfte Mal einen wissenden Blick zu, da es die kleine Lina von den Farmers gewagt hatte, ihre Mutter etwas zu sagen und nicht ruhig zu sitzen. Dauernd drehte sich die Kleine zu den Adlers um, und bekam dafür böse Blicke von ihnen. „Das Kind ist sowas von unerzogen. Die Mutter ist schlichtweg überfordert. Zu unserer Zeit hätte es sowas nicht gegeben …".

So ging es weiter und fort, bis es dem Christkind reichte.

Der große Adventkranz, der in der Mitte der Kirche aufgehängt war, löste sich aus seiner Verankerung und krachte lautstark auf den Mittelgang. Die Leute wurden je aus ihren Gedanken gerissen und erschraken.

Der Pfarrer stand auf seiner Kanzel und seine laute feste Stimme übertönte das aufgeregte Gemurmel: „Nun endlich, da ich eure Aufmerksamkeit habe, können wir uns besinnen und die wahren Werte von Weihnachten betrachten!"

Alle Köpfe hoben sich zu ihm empor und er wurde rot. Er konnte nicht anders, die Worte sprudelten aus ihm heraus, als spräche nicht er, sondern jemand anders durch ihn. „Wie kommt es, das wir unsere Herzen für Weihnachten verschlossen haben und lieber in Missgunst und Neid schwelgen? Warum ist es wichtiger, was die Leute von der Freundin des Sohnes halten, als sein eigenes Glück?"

Betroffen schaute die Fallnerin zu Boden. Ja es stimmte, sie sollte sich darüber freuen, dass ihr Sohn seit Wochen strahlte und glücklich war und geliebt wurde. Der Pfarrer sprach weiter: „Warum können wir uns nicht mit unseren Mitmenschen freuen, wenn es ihnen endlich möglich ist, unabhängig und mobil zu sein?"

Beschämt erinnerte sich der Goller Gustav, dass sein Nachbar noch nie ein Auto besessen hatte, mit dem es ihm möglich war, seine ganze Familie auszuführen. Seines Wissens hatten sie noch nie gemeinsam einen Ausflug machen können.

„Warum erwarten wir immer beschenkt zu werden? Geben ist seliger den nehmen. Sich Gedanken über den anderen zu machen, zu überlegen, was ihm Freude macht, das ist Nächstenliebe!" In Dominik wurde es ruhig und er fühlte eine Dankbarkeit. Der Pfarrer hatte recht und er überlegte, wie er seinen Eltern eine Freude bereiten konnte.

„Wenn jemand etwas Schönes an sich hat oder besitzt, dann sollten wir uns mit ihm freuen. Gedanken, die vergleichen und beurteilen, machen uns krank und voller Neid." Verena fühlte sich ertappt und wurde rot, genauso wie einige andere in der Kirche.

„Kinder sind sichtbar gewordene Liebe. Was stört es da, wenn sie etwas unruhig sind? Sie entwickeln sich noch und stellen Fragen. Wie sollen sie sonst lernen? Sie sind so wunderbar und brauchen unsere liebevolle Begleitung!" Das alte Ehepaar schluckte. Wieder warfen sie sich einen wissenden Blick zu und als die kleine Lina sich das nächste Mal umdrehte, bekam sie ein Lächeln und heimliches Winken des Ehepaares geschenkt. Strahlend lächelte sie zurück.

Der Schweiß stand dem Pfarrer schon auf der Stirne, aber er bemerkte hocherfreut, dass sich in seiner Gemeinde einiges tat.
So sprudelten auch noch die letzten Worte aus ihm heraus: „Gott liebt jeden einzelnen, wie er ist. Er freut sich mit uns, er unterstützt uns und er liebt uns bedingungslos. Wollen wir uns vor allem an Weihnachten darauf besinnen, es ihm nachzumachen und nun gemeinsam singen: Stille Nacht, heilige Nacht ..."

Alle Leute stimmten aus vollem Herzen in den Gesang ein und spürten das wahre Weihnachtsgefühl. Das Christkind flog zufrieden weiter ...

Eine weihnachtliche Begegnung

Es war kurz vor Weihnachten, als das Mädchen Laura in den Wald ging. Es brauchte noch frisches Moos für die Krippe, damit der Stall des kleinen Jesuskindes weich ausgelegt werden konnte. Es war auch die Zeit, in der das Christkind schon in jedem Haus ein Zimmer versperrt hatte, damit es mit seinen Gehilfen – den vielen unzähligen Engeln, alles in Ruhe für den Heiligen Abend und die Bescherung herrichten konnte.

Laura hatte schon viel schönes weiches Moos gesammelt, als sie plötzlich ein lautes Gepolter hörte. Sie drehte sich um und sah nur mehr, wie eine große Glitzersternenwolke im Gebüsch landete. Ohne viel nachzudenken rannte Laura zu dieser Stelle. Und was entdeckte sie? Ein Mädchen, etwa in ihrer Größe und es sah so wunderschön und lieblich aus und es umstrahlte sie ein himmlischer Glanz. Laura war ganz geblendet und ihr Herz wurde leicht und erfüllt von Liebe. Blonde Locken umspielten das liebliche Gesicht, dazu strahlten zwei blaue Augen wie Diamanten um die Wette. Und als es zu sprechen begann, klang die Stimme viel schöner, als alles, was Laura je gehört hatte. Sie konnte nicht anders als zu lächeln. Für Laura war es sofort klar, das musste das Christkind persönlich sein!

„Hallo liebes Menschenkind, kannst du mir bitte helfen? Mein Kleidchen hat sich in den Dornen verhangen", sprach das wunderschöne Mädchen.
 Laura antwortete: „Na.. na ….türlich!" Es hatte ihr die Sprache verschlagen, aber schnell fand sie ihren Mut wieder und fragte: „Bist du das Christkind?" Da lächelte das wunderschöne Mädchen verschmitzt und nickte mit seinem Kopf. „Ich bemühe mich sonst sehr, dass mich die Kinder nicht entdecken, der Zauber um mich soll bestehen bleiben. Nur vorher bin ich zu tief über den Wald geflogen und habe den Wipfel einer hohen Tanne übersehen. Ich bin dagegen geflogen und hier in den Dornen gelandet." Erst da entdeckte Laura die zwei Flügel des Christkindes. Sie sahen aus, als wären sie fast durchsichtig und waren über und über mit silbrig und goldenen Glitzersternchen überzogen.

Mit Hilfe von Lauras flinken Fingern konnten sie das Kleidchen schnell aus den Dornen befreien. Es blieb bis auf ein kleines Loch auch heil. Das Christkind war sehr dankbar für die Hilfe. „Ich danke dir von Herzen, liebe Laura!" „Woher weißt du meinen Namen?" staunte Laura. „Ich weiß von allen Menschenkindern den Namen und noch vieles mehr" lächelte das Christkind freundlich. „Ich muss jetzt leider weiter, ich habe noch einiges zu tun. Ich bedanke mich, weil du mir geholfen hast. Ich bin immer gerne auch für dich und all die anderen Menschenkinder da, wenn ihr mich nur lässt." Es drückte Laura an ihr Herz und flog davon.

Das Mädchen war wie verzaubert und spürte noch die Wärme des Christkindes. Fast dachte sie, es wäre ein Traum gewesen, dass sie das Christkind getroffen hatte. Aber da entdeckte sie in den Dornen ein kleines Stückchen Stoff, das funkelte und glitzerte. Also war es kein Traum gewesen. Glückselig wanderte Laura nach Hause und bewahrte bis heute das Stückchen Stoff in ihrer kleinen Schatzkiste auf. Aber was ihr noch viel länger von dieser Begegnung blieb, war das Wissen um das wahrhaftige, liebevolle und gütige Christkind.

Christkind-Gedicht

Wann kommst du liebes Christkind?
Wir freuen uns schon sehr.
Der heilige Abend steht vor der Türe
Dann kommst du mit deinen Engeln
und schmückst den Christbaum
und legst Geschenke unter den Baum.
Wenn wir das Glöckchen hören, dann gehen wir zu dir.
Wir freuen uns von Herzen,
dass du bald zu uns kommst hier.
Das war mein Gedicht – LAURA, 5 Jahre

Berg und Tal

Die Liebe zu seinem Beruf hatte Lorenz tausende Kilometer weit weg in die Berge gebracht. So war es auch nicht möglich, mal kurz über Weihnachten nach Hause zu kommen. Er war sich nicht sicher, wie er den heutigen Heiligen Abend verbringen sollte. Insgeheim musste er sich eingestehen, dass ihm das Alleinsein an Weihnachten traurig machte.

Lorenz beschloss mittags, seine Tourenski anzuschnallen und in seine geliebten Berge zu gehen. Er wanderte lange und genoss die Schönheit. Immer weiter ging es über die leeren Schneefelder, er war mit dem Kopf bei seinen Lieben zu Hause. So merkte Lorenz auch nicht, dass immer mehr Wolken aufzogen. Als es schlagartig zu schneien anfing, schreckte er aus seinen Gedanken hoch. Wo war er? Er erkannte die Landschaft nicht mehr und das Schneetreiben wurde immer dichter. Sorge machte sich breit, aber er hatte ja Gott sei dank daran gedacht, sein Handy mitzunehmen. Trotz mehrmaliger Versuche es einzuschalten, blieb dieses stumm. „Verdammt, der Akku!", dachte er „Und keiner weiß, dass ich hier bin!" Lorenz bekam große Angst und wusste, dass er allein aus dieser misslichen Lage nicht mehr herauskommen würde.

Er bat um ein Weihnachtswunder und alsbald schickte ihm das wachsame Christkind eine Sternschnuppe. Es war eine solch große und klare Sternschnuppe, so wie sie damals die Hirten gesehen hatten, die zum Stall von Bethlehem geführt wurden. Auch Lorenz sah sie trotz des heftigen Schneetreibens klar und deutlich und entdeckte, das dort, wo die Sternschnuppe den Boden zu berühren schien, ein schwaches Licht zu erkennen war.

Mit letzter Kraft stapfte er durch die Schneemassen darauf zu. Bald konnte er eine kleine Hütte erkennen und er klopfte an die Türe.

Eine alte einfach gekleidete Frau öffnete ihm. Er entschuldigte sich und erklärte ihr, dass er den Weg ins Tal nicht mehr finden konnte. Die Frau verlor nicht viele Worte, meinte nur, dass er das heute bei diesem Wetter nicht mehr schaffen würde und bat ihn herein.

Als er die Hütte betrat, fühlte er sich in eine andere Zeit versetzt. Die Hütte bestand aus einem einzigen Raum an dem ein kleiner Stall grenzte. In einer Ecke stand ein Bett mit einem bunten Überwurf und daneben befand sich ein kleiner Tisch mit einigen Sesseln. Das Herzstück der Hütte bildete ein großer Herd mit angrenzender kleiner Küchentheke. Eine Kredenz und eine bunt bemalte Bauerntruhe vervollständigten das Mobiliar. Ein kleiner geschmückter Christbaum mit einer sorgsam aufgebauten Krippe stand neben dem Tisch und daneben befand sich ein Spinnrad. Überall hingen getrocknete Kräuterbüschel von der Decke, welche einen angenehmen Duft verströmten. Die alte Frau reichte ihm trockene Kleidung und er legte seine nassen Sachen ab. Sie wurden über den Herd zum Trocknen aufgehängt.

Kurz darauf hielt Lorenz auch eine dampfende Tasse Tee in der Hand, welche seine unterkühlten Lebensgeister wieder weckte. Die alte Frau meinte anschließend nur, nun könnten sie endlich Weihnachten feiern. Für sie schien es selbstverständlich, dass er daran teilnahm.

Sie begann zu beten und andächtig lauschte Lorenz den Worten, als sie das Weihnachtsevangelium aus ihrer alten Bibel vorlas. Darauf stimmte sie auf ihrer Zitter das berühmteste aller Weihnachtslieder an, und er konnte nicht anders und sang aus voller Kehle mit. Sie wünschten sich ein frohes Weihnachtsfest.

Danach wurde das Weihnachtsessen serviert. Sie kredenzte ihm eine traditionelle Würstelsuppe mit selbstgemachten Brot und Butter. Lorenz kam es so vor, als hätte er noch nie etwas Besseres gegessen. Bei Kletzenbrot und Lebkuchen unterhielten sie sich und Lorenz fand heraus, dass sie seit Jahren hier alleine lebte und ihre Tiere versorgte. Sie liebte ihre Berge, nur die Musik aus dem Radio fehlte ihr ein bisschen, da es hier keinen elektrischen Strom gab.

Danach richtete die alte Frau alles für die Weihnachtsräucherung her. Sie legte Räucherwerk auf glühende Kohlen und bat ihn mitzukommen, um auch im Stall zu räuchern und zu beten. Durch eine Tür neben der Küchentheke standen sie sogleich mitten im kleinen Stall. Die Tiere freuten sich über den Besuch des ungleichen Paares und bekamen nach dem Ritual eine extra Portion Weihnachtsfutter. Mit frohen Weihnachtswünschen an die Tiere gingen sie wieder in die Stube.

Die alte Frau versorgte Lorenz mit Eierpunsch und Keksen und er machte es sich auf der Truhe neben dem Ofen bequem. Sie selbst setzte sich ans Spinnrad und erzählte Weihnachtsgeschichten. Es ging um Tiere, welche am Heiligen Abend um Mitternacht reden konnten, wie das Christkind einmal einer armen Familie half, wie ein Bauer sein Glück in der Weihnachtsnacht fand und viele mehr. Lorenz lauschte ihren Geschichten und fühlte sich wie ein kleiner Junge. Ihm hätte es nicht gewundert, wenn das Christkind ihm durch das Fenster zu gewunken hätte.

Als es Zeit war sich schlafen zu legen, bereitete die Frau ihm ein Nachtlager im Heu vor. Er bedankte sich für die freundliche Aufnahme und sie wünschten sich eine gute Nacht. Lorenz lag Minuten später geborgen im Stall und hörte die friedlichen Geräusche der Tiere.

Er dachte an Jesus, der vor vielen Jahren auch seine erste Nacht hier auf Erden in einem Stall zugebracht hatte. Welch Glück beide doch hatten, dass ihnen in der Not doch noch jemand geöffnet und geholfen hatte. Er nahm sich vor, dieses Geschenk, das die alte Frau ihm heute gemacht hatte, weiterzugeben und auch mehr für andere da zu sein. Mit diesen Gedanken schlief er ein.

Nach einem stärkenden Frühstück dankte er der alten Frau von Herzen für ihre liebevolle Aufnahme und Hilfe und machte sich auf den Weg zurück ins Tal.

Lorenz traf seine Kollegen beim Mittagessen und erzählte ihnen von seinem Weihnachtserlebnis. Er fragte sie auch, ob sie wüssten, wer die alte Frau sei. Ein Einheimischer meinte, er wüsste nicht, bei wem er da gelandet sein könnte. Da oben gäbe es nur eine einzige bewohnte Hütte und das sei eine alte Frau, die seit Jahren mit niemandem gesprochen hatte. Sie sei so grieskrämig und kaltherzig, da könnte jemand vor ihrer Türe zusammenbrechen, wäre es ihr egal und sie würde nicht öffnen. Lorenz wusste genau in diesem Augenblick, dass es sich bei der Frau um seine warmherzige Gastgeberin handeln musste.

Die alte Frau ging am dritten Weihnachtstag vor die Türe, als sie fast über ein fein säuberlich eingepacktes Weihnachtsgeschenk gestolpert wäre. Die Überraschung konnte man deutlich in ihrem Gesicht ablesen. Seit Jahrzehnten hatte sie kein Geschenk mehr bekommen! Als sie es vorsichtig öffnete, entdeckte sie ein Radiogerät, welches mittels Akku und einer Kurbel betrieben werden konnte. Tränen der Freude stiegen ihr in die Augen und sie las die Karte: „Weil Sie mir an Weihnachten Ihre Türe und Ihr Herz geöffnet haben, möchte ich Ihnen eine kleine Freude zurückgeben. Danke nochmal herzlichst, Lorenz".

Zwei Menschen wurden in dieser Weihnachtsnacht reich beschenkt und wer in dieser Geschichte seine Finger mit im Spiel hatte ist nicht schwer zu erraten, oder?

Weihnachtszählerei bis 24

Eins, zwei, drei
Weihnachten kommt herbei

vier, fünf, sechs,
wir lieben Weihnachtskeks

sieben, acht, neun
die Mama wird sich freun

zehn, elf, zwölf
wenn ich ihr backen helf.

Dreizehn, vierzehn, fünfzehn
Zusammen wird's dann schneller gehn.

Sechszehn, siebzehn, achtzehn
Wir sind fleißige Weihnachtsfeen.

Neunzehn, zwanzig, einundzwanzig
Unsere Kekse schmecken nicht ranzig

Zweiundzwanzig, dreiundzwanzig, vierundzwanzig
Fertige Kekse, vor Freude tanz ich.

Fremde Stadt

Es war ihr erstes Weihnachten in der fremden Stadt. Chrissies Eltern waren nicht vermögend und trotzdem hatten sie sie unterstützt, damit sie hier ihr letztes Studienjahr absolvieren konnte. Leider reichte das Geld nicht für ein Flugticket nach Hause, damit sie dort ihre Weihnachtsferien verbringen konnte. Chrissie hielt sich mit einem Nebenjob über Wasser, damit sie sich ein kleines Zimmer leisten konnte. Ihr blieb oft nicht einmal genug Geld für eine warme Mahlzeit und in ihrem Zimmer war es oft kalt, um Strom zu sparen. Sie machte sich Sorgen, wie sie das alles im nächsten Jahr schaffen sollte.

In diese Gedanken versunken ging sie am 24. Dezember ziellos durch die weihnachtlich geschmückten Straßen, und war sehr traurig, weil sie ihren Eltern nicht einmal ein Paket mit Weihnachtsgeschenken hatte schicken können. Die Straßen leerten sich, jeder hastete nach Hause, um das Weihnachtsfest auszurichten.

Fast hätte sie es nicht gesehen, das Kuvert, das auf einmal zu ihren Füßen lag. Sie hob es auf und las die Adresse. Es fühlte sich prall gefüllt in ihrer Hand an und die Neugierde ließ sie nicht los und sie schaute hinein. Da waren mindestens zehn große Geldscheine drinnen! Mit dem Geld könnte sie sich das Flugticket nach Hause leisten. Sie strahlte und überlegte hastig, ob sie heute noch einen Flug bekommen könnte, welche Geschenke sie noch besorgen würde und dass sie die nächste Zeit genug Geld hatte, um gut leben zu können. Chrissie war außer sich vor Freude. Das war ein Weihnachtswunder! Ein Zeichen! Sie hielt das Kuvert fest an sich gedrückt, als ihr Blick auf ein Plakat fiel.

Chrissie konnte ihre Augen nicht davon abwenden und betrachtete das Abbild des Christkindes darauf. Wie kommt das Christkind auf ein Plakat? Darunter stand in leuchtenden Buchstaben: *„Wer ehrlich gibt, wird reich beschenkt."* Die Buchstaben strahlten sie so hell an, dass sie geblendet die Augen schließen musste. Als sie sie wieder öffnete, war das Plakat verschwunden. Schon wieder ein Zeichen? Und da meldete sich auch schon ihre innere Stimme, die meinte, es ist nicht ihr Geld, irgendjemand hat es verloren und es fehlt ihm jetzt. Vielleicht braucht der Mensch es auch dringend zum Leben. Außerdem wäre es schon zu spät, um einen Flug zu bekommen, der sie pünktlich zum Fest nach Hause bringen würde.

Sie seufzte resigniert, ihr ehrliches Herz hatte gewonnen. Nochmals las sie die Adresse und den Namen auf dem Kuvert, und machte sich auf den Weg. Inzwischen war es schon dunkel geworden und sie ging ausgerüstet mit ihren kleinen Stadtplan weiter, um die Adresse zu finden. Sie fror und war verstimmt, weil der Weg sehr weit war. Endlich hatte sie ihr Ziel gefunden und stand vor einem großen zweistöckigen Haus. Kurz ärgerte sie sich, weil wer hier wohnte, der hatte genug Geld. Doch dann fielen ihr wieder die Worte vom Christkindplakat ein und sie läutete.

Eine ältere Dame meldete sich über die Gegensprechanlage. Chrissie erklärte ihr, dass sie ein Kuvert gefunden habe, welches wohl ihr gehören würde und schon wurde ihr die Türe geöffnet. „Das es so etwas noch gibt! So ehrliche und anständige Menschen! Ich muss es vorher verloren haben, als ich es von der Post holte. Wie kann ich Ihnen nur danken? Aber Sie sind ja ganz durchgefroren, kommen Sie herein, ich mache Ihnen einen starken Kaffee, der wird Sie wärmen!" Mit diesen Worten wurde Chrissie von der Dame begrüßt und ehe sie es sich versah, saß sie schon mit einer Tasse dampfenden Kaffee in einem großen Salon vor einem wärmenden Kamin. Die Dame plauderte angeregt weiter, sie freue sich ja so über Besuch. Sie erzählte von ihrer Tochter und deren Familie, welche gerade für ein Jahr in Afrika lebten. Ihr Schwiegersohn leitete ein Projekt, welches Wasseraufbereitungsanlagen installierte. Sie hätte auch mitkommen sollen, doch in ihrem Alter wollte sie nicht mehr so lange verreisen. So schickte ihr die Tochter immer Geld, damit sie ihr gemeinsames Haus und den großen Garten erhalten konnte und alles in Ordnung ist, wenn sie nach dem Jahr wieder zurückkämen. „Für den Haushalt habe ich eine tolle Reinigungskraft gefunden, sie kauft mir auch ein. Ich bin hier sehr einsam, aber nette Gesellschaft kann man sich nicht kaufen, sie kommt von selbst ins Haus und bringt auch noch Geldgeschenke mit."

Mit einem Augenzwinkern hatte die Dame die Worte an Chrissie gerichtet. Chrissie erzählte ihr, wie sie das Kuvert gefunden hatte. Ehrlich berichtete sie auch, dass sie im ersten Moment das Geld behalten wollte, damit sie zu ihrer Familie fliegen könnte und mit dem Geld zumindest einige Zeit sorgenfrei leben zu können. Auch die Stelle, wie das Plakat auf einmal vor ihr erschien und sie ihre Meinung schlagartig geändert hatte, ließ sie nicht bei ihrer Erzählung aus. Die Dame staunte, freute sich über die ehrlichen Worte von Chrissie und meinte abschließend, dass es auch ein kleines Wunder sei, dass sie hier nun gemeinsam sitzen würden und nun keiner allein sei an Weihnachten. Sie bat Chrissie noch zu bleiben und Chrissie konnte sich in diesem Moment nichts Schöneres vorstellen, als mit dieser netten Dame den Weihnachtsabend zu verbringen.

In der Küche bereiteten sie gemeinsam eine tolle Fischplatte vor und schmückten dann im Salon den Christbaum. Dabei erzählte Chrissie von ihrer Familie, wie sie sie vermisste und von ihrem Studium der Gartenarchitektur. „Mein Traum ist es, dieses Jahr positiv abzuschließen, um anschließend zu Hause ein eigenes Geschäft aufzumachen. Es ist nur so schwierig mit dem schlecht bezahlten Nebenjob, ich habe somit wenig Zeit für mein Studium." Die Dame lauschte aufmerksam und erzählte ihrerseits aus ihrem Leben und von ihrem verstorbenen Mann, der dieses schöne Haus und den riesigen Garten für sie angelegt hatte. Sie hatten mittlerweile gut gespeist und bei anregenden Gesprächen und schöner weihnachtlicher Musik aus dem alten Grammaphon einige Weihnachtspunsche am Kamin genossen. Chrissie döste selig in ihrem Sessel dahin, erfüllt von den schönen Abend mit der Dame, als sie erschreckt hochfuhr, weil sie merkte, dass es schon sehr spät war. Sie wollte sich verabschieden, damit die Dame sich zurückziehen konnte, um ihre Tochter anzurufen. „Das kommt gar nicht in Frage, dass ich dich jetzt alleine durch die Stadt gehen lasse. Mein Gästezimmer ist immer gerichtet, ich freue mich, wenn du bleibst." Während des Abends wurde das förmliche Sie wie von selbst durch das vertrauliche Du ausgetauscht. Chrissie war dankbar über den Vorschlag und sie bat nur kurz das Telefon benutzen zu dürfen, um ihrer Familie ein frohes Weihnachtsfest wünschen zu können.

Als Chrissie später im Gästezimmer schon im Bett schlummerte, redete die Dame noch immer mit ihrer Tochter über ihren unerwarteten Besuch. Auch ihre Idee besprach sie mit ihrer Tochter, worüber diese außerordentlich erfreut und auch sehr beruhigt war.

Beim Frühstück am nächsten Tag war es dann beschlossene Sache: die Dame bot Chrissie an, für den Rest ihres Studiums im Gästezimmer zu wohnen und als Gegenleistung den großen Garten in Schuss zu halten. Chrissie war sprachlos. Mit diesem Angebot hätte sie nie gerechnet, noch dazu könnte sie hier ihr Erlerntes gleich in dem großen alten Garten umsetzen. Sie strahlte und brachte kein Wort heraus.

„Natürlich bin ich bei meinem Angebot sehr eigennützig, ich würde mir wünschen, dass du mir abends beim Kochen zur Hand gehst und ich freue mich auch über deine Gesellschaft. Meine Tochter wäre auch sehr erleichtert, wenn sie weiß, dass ich nicht ganz alleine im großen Haus bin. Bitte sag ja."

Chrissie stammelte ein Ja und fiel ihrer neuen Gastgeberin und Freundin um den Hals. Nach dem Frühstück machten sie dick eingepackt eine Runde durch den winterlichen traumhaft großen Garten. Chrissie war fasziniert und erstaunt, wie wunderschön alles angelegt und durchdacht war und sie konnte ihr Glück nicht fassen, dass sie hier leben und arbeiten durfte.

Am nächsten Tag holten die Dame und Chrissie ihre Sachen aus dem alten Zimmer. Die Dame hatte auch noch eine kleine Überraschung:

Als Weihnachtsgeschenk an Chrissie gingen sie in ein großes Kaufhaus, wo sie einige Geschenke für ihre Lieben zu Hause gemeinsam aussuchten. Chrissie fand fast keine Worte für ihre Dankbarkeit gegenüber ihrer neuen Freundin.

Als Chrissie abends nach einem netten Essen, dass sie liebevoll für ihre Gastgeberin zubereitet hatte, in ihrem neuen warmen Zimmer saß, schrieb sie einen Brief an ihre Familie. Daneben stand schon das große Paket mit den Geschenken für sie. Chrissie berichtete ihren Lieben von all den Ereignissen und Fügungen, die sie an Weihnachten in dieser Stadt erlebt hatte. Sie vergaß natürlich nicht, den entscheidenden Hinweis vom Christkind zu erwähnen. Im Stillen dankte sie ihm für die wunderbaren Worte: *Wer ehrlich gibt, wird reich beschenkt.*

Es stimmte jedes einzelne Wort und ihr wurde bewusst, welch großartiges Weihnachtsgeschenk sie bekommen hatte: ein traumhaftes Jahr stand ihr bevor und sie konnte positiv und sorgenfrei in die Zukunft blicken!

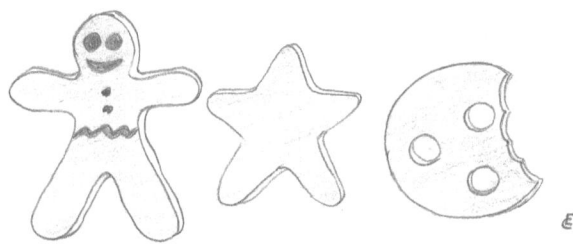

Waldfee von Laura

Eines Tages wollte die kleine Waldfee Laura mit ihrer Familie ein neues Haus suchen. Sie sahen ein Haus, in dem wollten sie wohnen. Aber leider war es schon besetzt. Dann begaben sie sich auf die Suche nach einem anderen Haus. Sie fanden ein viel größeres und schöneres bei der alten Eiche, ihrem Zwillingsbaum. Das beste war, es gab eine Verbindung zur anderen alten Eiche. Sie flogen um die Eiche und hörten ein Kichern. Es kam von oben. Als sie hinaufflogen, sahen sie das Christkind. Das Christkind sagte: „Hallo!" und ihre Engelfreunde sagten das auch. Da sahen die Waldfeen, dass sie einen Christbaum schmückten. Laura fragte, warum sie einen Christbaum schmücken. Da sagte das Christkind: „Wir wohnen hier. Hier kann noch jemand einziehen." Da sagten die Waldfeen: „Vielleicht können wir hier bei euch wohnen?" Das Christkind sagte ja und dann wohnten sie gemeinsam und lebten glücklich.

Weihnachtseindruck vom Laund

Weihnachten am Laund
is in da Stodt net so bekaunt
weil mas do no ruhiger kennt
und do gibt's ka Einkaufszentrum, wohin jeda rennt.

Die Zeit warat do, um besinnlicher zu sein
wenn ma si nua a bissl drauf lossat ein.
Kloa kann ma überoi noch innen gehn,
um die wahre Botschaft von Weihnochtn zu verstehn.

Doch a verschneite Laundschoft is Balsam für die Sö
und a Spaziergaung im Woid erfreit eam wia da wö.
In die Häusa wird scho fleißig bocha
es hot scho am 1. Dezember noch Vanillekipferl grocha.

Der Adventkraunz is gwiss söwa gflecht
weil jeda in schenstn hom mecht
Am Sunntog huckt die Familie obends
um den Kraunz uma
es wird bet, erzöht und a gsunga.

Zeitig in da Fria wird in die Rorate gaunga
wei dem Herrgott suit ma jedn Tog daunga.
Rorate hoaßt nämli „Tauet" übersetzt
und bei monchen des horte Herz auftaut jetzt.

Üba no vü mehr Eindrücke gäbs zu berichtn
vo oll de vün überlieferten Geschichtn.
Ane von die schensten is de
wos ums Christkind geht in da He.

Den ans wissen die Kinda gaunz gewiss
wenn da Himmi am Obend rosa is
tuat is Christkind fia eana bocha
und herrichten die gaunzn Weihnochtssocha.
Je dunkla des rosa, um so fleißiga wird fia uns goawat
damit mia is schenste Weihnochtsfest hom, hier in unsra Homat.

LiebesChristkind

Weihnachten wollte Marie zu Hause in dem kleinen beschaulichen Dorf verbringen. Ihre Eltern hatten einen großen landwirtschaftlichen Betrieb und es mangelte ihnen an nichts. Einige Arbeiter waren bereits wegen der Weihnachtsfeiertage abgereist.

Sie waren angesehen im Dorf. Marie wollte nach ihrem Studium den elterlichen Betrieb übernehmen, damit ihre Eltern sich zur Ruhe setzen konnten. Sie freute sich auf diese Aufgabe, den sie liebte die Arbeit am Hof, die Leute und das ländliche Lebensgefühl.

Einige Monate war sie nicht da gewesen und sie hatte alles schmerzlich vermisst. Als sie durch die Ortseinfahrt fuhr, durchströmte sie das Gefühl von nach Hause kommen und sie wusste, dass ihre Entscheidung richtig war, das Lebenswerk ihrer Eltern weiterzuführen.

Bei Kaffee und Kuchen erzählten die Eltern und ihre Geschwister, wie es ihnen in den letzten Monaten ergangen war und Marie sog die Neuigkeiten in sich auf. Ihr lagen seit ihrer Ankunft Fragen auf den Herzen, welche sie sich aber verbot auszusprechen.

Es war schon spät, als sie ihre fröhliche Runde auflösten. Marie ging in ihr gemütliches Appartement, welches an ihr Elternhaus angebaut worden war. Erst als sie im Bett lag, gestattete sich ihre Gedanken an Andre. Sie kannte ihn seit ihrer Kindheit und erst im letzten Jahr waren sie sich näher gekommen und hatten sich verliebt. Aber ihr Verstand war gegen diese Verbindung. Er war nur ein einfacher Holzfacharbeiter und sie würde einmal den Hof ihrer Eltern übernehmen und somit einen großen Betrieb leiten.

Andre war zwar alles, was ihren Traummann ausmachte, wie er sie zärtlich mit seinen blauen Augen anblickte und ihr zulächelte, mit welcher uneingeschränkter Aufmerksamkeit er ihr zuhörte und ihr das Gefühl gab, alles an ihr sei wichtig und liebenswert. Nur es durfte nicht sein. Beim Dorffest hatte er ihr seine Zuneigung gestanden und sie gefragt, ob sie es sich vorstellen könnte, das weitere Leben mit ihm zu verbringen. Fragend und voller Hoffnung hatte er sie angeblickt und sie hatte sich wortlos umgedreht und war davon gelaufen.

Am nächsten Tag reiste sie überstürzt ab und war seither nicht mehr in ihr Heimatdorf zurückgekehrt. Sie wusste, dass sie ihm eine Antwort schuldete, aber sie hoffte, dass die Zeit die Wunden heilen würde und er sie vergaß. Denn diese Liebe durfte nicht sein.

Marie hatte sich in den Gedanken verrannt, dass ein einfacher Holzfacharbeiter nichts für sie als angesehene Bauerstochter war. Es gehörte sich so, dass sie standesgemäß heiraten sollte. Was würden ansonsten die Leute reden? Sie spürte schon förmlich die Blicke und das heimliche Getuschel. Wie würde es ihrer Familie damit gehen? Nein, nein, nein, das durfte sie ihnen nicht antun.

Mit ihrem selbstgemachten Kummer, der sich wie ein Stein auf ihrem Herzen anfühlte, schlief sie unruhig ein. Marie erwachte übermüdet und bedrückt und ging nachdenklich zum gemeinsamen Frühstück. Schnell verflog ihre schlechte Stimmung, als sie belustigt das emsige Treiben ihrer Familie verfolgte. Das ganze Haus wurde weihnachtlich geschmückt, es wurde gebacken, geputzt und gekocht. Jeder hatte ein fröhliches Lied auf den Lippen und es wurde viel gelacht. Die Vorfreude auf das Weihnachtsfest war deutlich spürbar. Marie wurde davon angesteckt, aber der Stein auf ihrem Herzen blieb. Bis zur Bescherung hatten sie noch Zeit und so beschloss Marie, einen langen Spaziergang zu machen. Sie wollte ihren Kopf freibekommen.

Die stille weiße Landschaft beruhigte sie und sie schlug den Weg zum kleinen Wäldchen ein. Das Herz ging ihr beim Anblick des verschneiten Waldes auf und sie blieb wie verzaubert vor den schneebedeckten Bäumen stehen, um tief durchzuatmen.

„Dich verzaubert wohl der Anblick so wie mich. Wie schön es hier doch ist!" Erschrocken drehte Marie sich um. Wer hatte zu ihr gesprochen? Sie erblickte eine wunderschönes Mädchen, welches in einen warmen weißen Mantel gehüllt neben ihr stand und so wie sie die winterliche Landschaft bewunderte. Marie war wohl von der Sonne geblendet, es erschien ihr nämlich, als sei das Mädchen in einen Lichtschein gehüllt. Der weiße Schnee und das grelle Sonnenlicht spielten ihr einen Streich. „Ja, Sie haben recht. Ich genieße diese stille Zeit für mich. Es ist hier so friedlich, so wunderschön!" „Aber warum ist es dir dann so schwer ums Herz?"

Diese Worte trafen Marie wie ein Blitz und sie brach unerwartet und heftig in Tränen aus. Unter Schluchzen erzählte sie dem Mädchen ihren ganzen aufgestauten, selbstgemachten Kummer. Dieses reichte ihr ein weißes Taschentuch mit goldener Stickerei, lächelte sanft und sprach: „Aber Marie, das ist doch alles nur ein Produkt deines Kopfes! Beginne mit dem Herz zu denken. Du weißt genau, was du möchtest und wegen deinen Eltern mach dir nicht solche unbegründete Sorgen. Des Eltern einziger Wunsch ist es, ihr Kind glücklich zu sehen, egal mit welchem Partner! Hauptsache er liebt ihr Kind bedingungslos, so wie sie es tun." Die Worte des Mädchens erreichten Maries Herz, der Stein löste sich auf und sie fühlte sich befreit. Sie wischte sich die letzten Tränen aus dem Gesicht und wollte sich bei dem Mädchen bedanken. Doch es war nicht mehr da. Verdutzt suchte Marie die Gegend ab, aber es blieb verschwunden. Beinahe dachte Marie, dass sie geträumt hatte, aber das weiße Taschentuch in ihrer Hand belehrte sie eines besseren.

Nun konnte sie nicht schnell genug nach Hause kommen, um mit ihren Eltern offen zu sprechen. Sie fand die beiden im Wohnzimmer, wo sie den Christbaum schmückten und sogleich fiel sie ihnen in die Arme. All ihr Kummer der letzten Monate, ihre Sorgen und Bedenken sprudelten aus ihr heraus.

„Meine liebe dumme Marie! Wir haben die ganze Zeit gemerkt, dass dich etwas bedrückt, aber das es sich um so einen lächerlichen Grund handelt, hätten wir nicht vermutet! Natürlich haben wir bemerkt, wie du dich in Andre verliebt hast. Wir sind zwar schon älter, aber nicht blind. Du hast gestrahlt und wir waren glücklich, dass du einen so netten und tüchtigen Partner gefunden hast. Wir dachten, ihr hättet euch zerstritten und wollten dir mit Fragen nach dem Warum nicht weh tun! Ach, was machst du dir nur für unnötige Gedanken! Das nächste Mal komm gleich zu uns!" Marie umarmte sie in stillen Dank für diese Worte.

Bei der Bescherung erlebte die Familie eine glückliche erleichterte Marie. Beim Weihnachtsessen war sie wieder ganz die Alte und trieb ihre übermütigen Späße mit ihren Geschwistern. Erst danach war sie wieder in sich gekehrt und sehr nachdenklich, fast schon bedrückt ...

Andre war ein sehr einfühlsamer Mann. Er wusste genau, dass Marie ihn genauso liebte, wie er es tat. Doch genauso hatte er gespürt, dass sie etwas hinderte, um mit ihm zusammen zu sein und er ließ ihr Zeit. Wenn sich Marie für ihn und eine Beziehung entscheiden sollte, dann sollte sie dies mit Kopf und Herz machen, ansonsten hatten sie keine Chance, wenn sie ständig Zweifel hegte.

Jetzt ging er gerade von der Mitternachtsmette nach Hause. Er war enttäuscht, da er gehofft hatte, mit Marie nach der Mette sprechen zu können. Zwar hatte er sie von der Ferne aus gesehen, aber sie hatte ihn keines Blickes gewürdigt. Die Monate des Wartens und Hoffens waren umsonst gewesen. Ihr Kopf dürfte stärker gewesen sein, als ihr Herz und diese Tatsache machte ihn unsagbar traurig.

In diese Gedanken versunken stieg er die Treppe zu seiner kleinen Wohnung hinauf. Andre kramte in seiner Hosentasche nach dem Schlüssel, als er aus dem Augenwinkel heraus das schönste Wesen auf seiner Türschwelle sitzen sah, das er sich nur vorstellen konnte. Da es Heilig Abend war musste es sich wohl um das Christkind handeln. Ein zweiter Blick bestätigte sein hüpfendes Herz: wahrlich es war sein Christkind. Es erhob sich gerade von der Türschwelle und mit der geliebten Stimme, die er so vermisst hatte, sprach es zu ihm: „Meine Antwort ist und bleibt Ja, wenn du mich noch willst." Andre rannte die letzten Stufen hoch und nahm sein persönliches Christkind fest in die Arme. Anstatt weiterer Worte besiegelte ein Kuss diese Verbindung.

Arm in Arm sah man am Heiligen Abend zwei Menschen in Richtung des großen Hofes am Ortsrand gehen. Sie schritten zugleich in ihre gemeinsame Zukunft und für sie war von diesem Tage an Weihnachten wahrlich das Fest der Liebe.

Das Weihnachtshäuschen

Was hatte sie sich nur gedacht!!! Sie hatten schon alle recht, die meinten, sie würde es alleine nicht schaffen. Verärgert schlug Paula auf das Armaturenbrett ein und es wollten ihr schon einige deftige Schimpfwörter über die Lippen huschen, als ihr die Anwesenheit ihres achtjährigen Sohnes Florian im Kindersitz hinter ihr wieder bewusst wurde. Die Wut verrauchte und wurde von Tränen des Selbstmitleides abgelöst.

Sie hatte es doch nur gut gemeint für Florian und sich selbst. Endlich raus aus der Stadt, weg von all den turbulenten voran gegangenen Monaten, welche geprägt waren von der Scheidung ihres Mannes. Er wollte nicht mehr mit ihnen leben, da er sich verliebt und eine neue Familie gegründet hatte. Paula hatte lange die Schuld bei sich selbst gesucht, was so nicht richtig war. Erst seit kurzem war sie aus dem Schock erwacht und ihr Selbstvertrauen und ihr Lebenswille kehrten wieder zurück. So hatte Paula euphorisch beschlossen, das schönste Weihnachtsfest für Florian am Land auszurichten.

Doch jetzt, in diesem Moment war der Tatendrang vergessen. Mit ihrem Auto steckte sie in der Ortseinfahrt des kleinen Dorfes im tiefsten Schnee fest. Florian war schon sehr müde und sie hatte noch keine Ahnung, wo das kleine romantische Häuschen umgeben von einem Wäldchen stehen sollte, welches sie gemietet hatte. Geschweige den, wie sie jetzt dort hinkommen sollten. So schön hatte sie sich alles ausgemalt. Endlich Ruhe und Natur für sie zwei.

Es half nichts. Murrend stiegen die zwei aus dem Auto und stapften durch den hohen Schnee in ein kleines Wirtshaus, um dort um Hilfe zu bitten. Alle Augen waren auf sie gerichtet, als sie schneebedeckt die Gaststube betraten. Die freundliche Wirtin begrüßte sie herzlich und Paula erzählte von ihrem Problem.

Einige Männer hatten mitgehört und begannen sich leise zu unterhalten. „Sie wird doch nicht dieses kleine Häuschen von Ritabauern gemietet haben?! Dort ist monatelang nichts passiert, ist sicher alles verdreckt und eiskalt. Hoffentlich kann sie Holz hacken und weiß, wie man eingefrorene Wasserleitungen auftaut. Das wird ja wirklich eine schöne Bescherung!".

Auch Robert hatte das Gespräch mitangehört und auf Bitte der Wirtin bot er Paula seine Hilfe an. „Ich bin mit meinem Allradauto hier. Holen Sie Ihr wichtigstes Gepäck, ich fahre Sie zum Häuschen. Heute schneit es so stark, da kommen Sie mit Ihrem Auto nicht mehr durch. Sie müssen es morgen holen." Erleichtert nahm Paula das Angebot an.

Es war schon stockfinster, als Florian und sie sich einen Weg mit ihren Taschenlampen durch meterhohen Schnee zum Haus bannten. Schnell stellte sie fest, dass das elektrische Licht nicht funktionierte und resigniert zündete sie eine kleine Petroleumlampe auf dem Esstisch an. Sie waren beide übermüdet von all den Strapazen und Paula lobte sich selbst für ihre Eingebung, dass sie ihre Schlafsäcke eingepackt hatte. Den es war eiskalt in dem Häuschen und wie angenommen war auch kein Holz in der Stube.
Paula wollte diesen fürchterlichen Tag nur mehr abhacken. Dick eingepackt in ihre Schlafsäcke legten sich beide ins Doppelbett neben der Wohnstube. Tränen der Verzweiflung wollten sie wieder übermannen, aber sie redete sich selbst gut zu: Morgen würde die Sonne scheinen und sie würde frisch ans Werk gehen, das Häuschen putzen, Holz hacken, einen Christbaum mit Florian im Wäldchen suchen und ein unvergessliches Weihnachtsfest für beide ausrichten.

Aber Florian hatte ihre Sorgen gespürt und bettete innig zum Christkind: *„ Bitte, liebes Christkind hilf uns,*

damit wir morgen Abend schön Weihnachten hier feiern können. Mach, dass Mama nicht mehr so traurig ist, und ihr jemand hilft. So ein großer Freund wäre jetzt ganz gut zu gebrauchen. Hier gibt es viel zu tun, aber ich bin noch ein zu kleiner Mann. Danke, ich hab dich lieb, dein Florian!"
Mit einem Lächeln schlief er angekuschelt an seine Mama ein.

Das Christkind berücksichtigte normalerweise nur handgeschriebene pünktlich abgeschickte Briefe. Aber diese aus dem Herzen kommende Bitte mit so einer Dringlichkeit musste es einfach berücksichtigen.
Dem Christkind fiel auch ein, dass es vor zwei Wochen eine ähnliche Bitte erhalten hatte. Der achtjährige Max hatte um eine Freundin für seinen Papa gebeten. Damit er wieder jemanden hatte, außer Max, und dadurch wieder das Lachen lernen würde. Schon hatte das Christkind einen Plan und schickte einen intensiven Traum mit einem Auftrag ab.

Frierend erwachten Paula und Florian am nächsten Morgen. Sie schaute zum Fenster hinaus, doch da war nichts von der Sonne zu sehen. Nur dicke Flocken fielen unablässig vom Himmel. Sie hatte keine andere Wahl. Hungrig und frierend stapfte sie hinaus zum Holzschuppen und suchte nach Feuerholz.

Das Holz war noch viel zu groß und sie fand keine Axt. Dann fiel Paula noch ein, dass sie nicht einmal ihr Auto hier hatte, um wenigstens mit Florian ins Warme flüchten zu können. Jetzt konnte sie die aufgestauten Verzweiflungstränen nicht länger halten und schluchzend ließ sie sich neben dem Hackstock auf den Boden fallen.

„Vielleicht hilft Ihnen das?" Erschrocken wischte sich Paula die Tränen aus dem Gesicht und erkannte, dass Robert ihr Retter von gestern mit einer Axt in der einen Hand und einen großen Korb in der anderen in der Schuppentüre stand. Er war nicht alleine, ein kleiner Junge war bei ihm, der einen Kübel voller Putzsachen in der Hand hielt.
„Sie schickt der Himmel! Wie konnten Sie nur wissen, dass wir in Not sind?" Lächelnd überreichte Robert ihr den Korb. „Gehen Sie mit meinem Sohn ins Haus. Wir haben Frühstück und Essen mitgebracht. Ich kümmere mich um das Feuerholz." Dankbar nahm Paula ihm den Korb ab und ging mit Roberts Sohn ins Haus. Florian freute sich über den unerwarteten Besuch und sogleich war es ihnen weniger kalt in der kleinen Stube. Beim näheren Hinschauen war sie sogar sehr heimelig, nur musste mal ordentlich geputzt werden.

Paula richtete mit den zwei Buben den Frühstückstisch her, als auch schon Robert mit einem vollen Holzkorb die Stube betrat. Bald flackerte ein wärmendes Feuer im großen Küchenherd und hungrig machten sie die vier über das verspätete Frühstück her. Danach bat Florian, ob er mit Roberts Sohn im Schnee spielen dürfte. Gerne erlaubte es ihm die Mutter. Als sie alleine bei einer zweiten Tasse Kaffee saßen, fragte Paula Robert: „Wie kann ich Ihnen nur danken? Ich stehe tief in Ihrer Schuld!" Robert antwortete: „Zuerst würde ich mich freuen, wenn wir uns duzen würden! Es ist mir eine große Freude, dir zu helfen. Ich war gestern etwas besorgt, als ich dich und deinen Sohn hier zurückließ. Ich war in der Nacht so unruhig und dann hatte ich noch diesen intensiven …"

In diesem Moment wurde die Türe von den zwei Kindern aufgerissen. Wild durcheinander schrien sie: „Mama, Papa, schaut mal, was wir hinter dem Haus gefunden haben!" Schon zerrten sie einen wunderbar glitzernd geschmückten Christbaum hervor. „Den hat uns wohl das Christkind für heute Abend geschenkt. Nun können wir zusammen feiern! Juchuuuu!"
 Robert rief noch: „Aber Max, wir können doch nicht …" aber da waren die zwei schon unter Gejohle in den Schnee davon geeilt. Paula lachte: „Da hast du

dir ja eine feine Überraschung ausgedacht! Wie hast du nur gewusst, dass wir noch keinen Christbaum haben? Natürlich seid ihr für heute Abend eingeladen. Es wäre uns eine Ehre mit unseren Rettern Weihnachten zu feiern!"
„Aber ich habe den Christbaum nicht gebracht!"
Sprachlos starrte Paula ihn an. „Aber wer dann?"
„Ich glaube, wir dürfen hier bei einem Weihnachtswunder dabei sein! Nur das Christkind bringt an Weihnachten Christbäume. Unsere Kinder dürften es wohl mit Briefen überhäuft haben." Lachend zwinkerte Robert Paula zu, die in sein Lachen einstimmte.

Es wurde ein schöner Tag. Ursprünglich hätte je ein Erwachsener mit einem Kind alleine den Weihnachtstag verbracht, nachdenklich mit einer Spur von Traurigkeit und Verzweiflung. Aber durch eine himmlische Fügung waren sie nun zu viert und innerhalb weniger Minuten wurden aus Fremden Freunde.

Die Kinder tobten durch den Garten und Paula und Robert brachten die Stube auf Vordermann. Immer wieder bewunderte Paula den wunderschönen Christbaum und nach einer wärmenden Mittagssuppe machten sich Robert und Paula auf den Weg, um ihr Auto mit den restlichen Weihnachtsutensilien und Geschenken zu holen. Die zwei Buben zogen sich einstweilen in ihre frisch gebaute Schneehöhle zurück und schmiedeten Pläne für den Weihnachtsabend. Da war eine Fackelwanderung vorgesehen verbunden mit einer Bescherung für die Waldtiere, viele lustige Spiele in der Stube, ein Haufen Kekse, welche Florian und Paula gebacken und mitgebracht hatten und die Geschenke waren eigentlich nebensächlich bei all den schönen Plänen.

Paula sammelte noch viel Tannengrün auf den Weg zu ihrem Auto, mit welchem sie nachher die Stube noch weihnachtlicher und duftender schmücken wollte. Mit Roberts Hilfe und einem Paar Schneeketten konnten sie kurz darauf mit dem Auto vor dem Haus vorfahren. Es dämmerte bereits, als Paula mit ihrem Werk fertig war. Die Männer hatte sie in die Schneehöhle verbannt und bald hörten sie ein feines Glöckchen, welches sie alle zur Bescherung rief.

Soviel sei verraten: der Weihnachtsabend wurde noch schöner, als ihn sich die zwei Buben am Nachmittag ausgemalt hatten. Es wurde noch mehr gesungen und dann gelacht, als sich Robert je gedacht hätte. Paula war an diesem Abend noch glücklicher über ihr Weihnachtsfest hier im Häuschen, als sie je zu hoffen gewagt hätte. Max bekam eine Fackelwanderung, wovon er die ganze Nacht noch träumte. Und

Florian konnte kaum mehr die Augen offen halten, aber sein letzter Gedanke galt dem Christkind. Er brachte nicht mehr viel heraus, bis auf: „Das hast du super hinbekommen!" und schon schlummerte er friedlich ins Land der Weihnachtsträume ...

Die G'schicht
von der heiligen Nocht

Maria: Gö, Seppi, jetz is nimma weit
I gspia meine Fiaß nimma g'scheit.
Is Kind wird a scho unruhig in mein Bauch
I glaub', dass i boid an Doktor brauch.
Nieda setz'n wü I mi, an Hunger hätt I und an Durscht
und an Gusta auf a Wurscht.

Josef: Geh, Mitzi, jetzt reiß di zaum
Wir werd'n glei a Quartier hom
Mit an schenen Feier
Daun kinn ma uns kochen a poa Eier.
Kumm Schatzl, glei san ma do
Nur a poa Meter no.
Do vorn is scho a Haus
Do schaut sogoa da Wirt scho raus.

Josef *zum Wirt*: Geh, Herr Wirt, hom's a Kauma?
Mei Frau is im 9. Monat schwaunga.
Wirt: Ihr zwa, I hob nix fia eich …
Josef *unterbricht ihn*: Owa bitte, wir …
Wirt: Schleicht's eich glei weita.
Is Wetter wird a nimma gscheita.

Maria: I kau nimma
Es wird imma schlimmer ...

Josef: Do is no a Pension do vorn.
Ob scho vü Leit vor uns dort worn?
Er klopft an. Wirtin schaut aussa.
Geh liebe Frau Wirtin hom's bitte a Kauma?
Mei Frau is im 9. Monat schwaunga!
Wirtin: I hob nix mehr, leida!
Josef: Owa wir kinnan nimmer weida!
A wenn wir Sie gaunz sche bitt'n?
Wirtin: hm, jo i hätt do no a oide Hitt'n
Drüben beim Feld.
Dafür wü I net amui a Geld.
Josef: Herzlichen Dank! Jetzt san ma froh!
Endlich is wos zum Orost'n do.

Maria: Gott sei daunk, zahn ma au,
denn die Wehen faungan a scho au.

Josef: Schau eini, in de Hittn, do steht a Esel und a Ox
Und a klana Ofen zu heiz'n mit Koks
I hoaz glei ei, daun hom ma's schön woam,
daun fühlst die glei bessa, wia dahoam.

Erzähler: Des Kind is jetzt a scho do,
trotzdem gibt's a poa Strophen no.

Esel zum Ochs: Schau, jetzt liegt do a Kindl
Nur in ana afochen Windl – in unserer Kripp'n do.
Wia wird'n eama Ständchen singan,
des wird's zum Loch'n bringan. „Iahhh, Iahhh, ..."

Ochs: Jö, schau, wia liab des jetzt locht!
Ob eam de Umgebung goa nix mocht?
Er schaut wie a klana Gott –
Ab er moants eh gmua zum Essen hot?

Maria *zu Josef:* Unsa Kind schaut so glückli aus,
es locht wia a klane Spitzmaus.
De schenen Aug'n hot er von mir
Und die wenigen Hoa de san von dir.
Du, Seppi, an Heiland hom ma gebor'n
Irgendwaun wird er in Himmel auffohr'n.

Josef: Jo, I hob ma des a scho denkt.
Da Himmel hot uns a liab's Kindl g'schenkt.
Wir woll'n eam dank'n und beten
Und wenn ma wieda daham san, do gehen ma in
                                                          die Mett'n.

Maria: Schau, do kumman drei Gestoit'n
Wos de von uns wui woit'n?
A Stern is a dabei, der flieagt vor eana her.

Josef *zu den 3:* Griaß eich, wos wollts'n ihr?
Setzt eich nieda, Plotz is no beim Stier:

König: Wir san kumman mit unserem Stern
Um zu huldigen dem neugeborenen Herrn.
Do is jo der Bua,
er liegt do in seina himmlischen Ruah.

Erzähler: A Engel is zu den Hirt'n aufs Föd gflog'n.
Er hot vor lauter Freid a poa Purzelbam gschlog'n.
Wia de Hirten die freudige Botschaft hom gheart
Hom's vor lauter Freid glei great.

Hirt: Mensch, Hirten pockt's zuam a Wurscht, an Kas.
Nehmt's mit a Schaffell, wei in da Hitt'n is sicha net has.

Erzähler: Schnö hom sa sich auf den Weg gmocht
Und da Engel is hergflogen in da finsteren Nocht
Beim Stall ankumman,
hom's glei a Singerei vernuman.

Maria: Kummt's eina ihr Hirtn,
leida kin ma eich net bewirtn.

Hirt: Na, wir hom eich wos zum Essen brocht,
do könnt's dran essen die gaunze Nocht.

Josef: Es seid's olle so liab zu uns und dem Buam
Owa jetzt is a no a klana Wurm.
Wenn a mui größa is, wird ers euch vergelten
Denn daun wird er Herrscher über olle Herzens-Welten.

Erzähler: Olle im Stall setz'n sich zum Bua nieda
Sie essen und trinken und singan fromme Lieda.
Des is die G'schicht von der Heiligen Nocht
Und von dem Wunder des Gott uns hot brocht.

Is Christkind und die Woidtiere

Erzähler: Die Tiere hom sich in da Weihnachtsnocht
A wos besonderes ausdocht.
A poa Geschenke hom sa si zaumpockt
des homs in Jesukindl brocht.
Der Fuchs, der is der erschte gwen
der kaun vo olle am schenstn redn.

Fuchs: Wir san kuman aus Woid
weil uns des Kind in da Krippn jo so gfoit.
I hob eam brocht an glitzernden Stan
daun fühlt er sich in da finsteren Nocht net so allan.

Erzähler: Da Hirsch drängt sich auf amui fiare
er is jo da größte von de Tiere.

Hirsch: i hob a Heu mitbrocht
damit des Kindl net friat in da koidn Nocht.

Erzähler: Auf amui hoppelt der Hase vorbei
der große Hirsch, der is eam einerlei.

Hase: Schau, de Karottn vo mir san gaunz frisch
de kuman morgen ois Suppn aufn Tisch.
Damit kaunst a storker Kerl werdn
Und amui schaun auf deine Menschenherdn.

Erzähler: In der Tierschar steht ah no a Bär
der locht zum Kindl freundlich her.

Bär: I bring dem Christkind a Kleeblatt
Damits fü Glück imma hat.

Erzähler: Gaunz hintn steht a klane Maus
de hupft schnö fiare und schaut ganz glückli aus.

Maus: An Beerentee bring i dem Kind
Do wird's eam um Herzerl woam, gaunz gschwind.

Erzähler: Die Tiere hom umadum taunzt im Stoi
und in Christkind daugt des foi.
Gemeinsam homs gaunze Nocht gsungan und glocht
und olle woan daunkboa für des Geschenk,
                      des Gott uns hot gmocht.

DANKE ...

... an meine Eltern Marianne und Johann, durch die ich das Weihnachtsgefühl kennengelernt habe!

... an meine Schwestern Karin und Andrea, die gemeinsam mit mir schon so oft auf das Christkind gewartet haben. Es war und ist jedes Mal besinnlich, lustig und chaotisch schön mit euch!

... an meinen Mann Andi, durch den ich das ganze Jahr über Momente von Weihnachten erfahren darf.

... an meine Tochter Laura. Mit ihr darf ich wieder die kindlichen Weihnachtswunder neu erleben und entdecken ... und an unser Baby, welches wir bald im Arm halten dürfen. Welch unbeschreibliches Geschenk ihr seid!

... an all meine anderen Kinder: unsere Sternenkinder und die vielen Kinder, welche ich schon betreuen durfte. Danke für euer Sein!

… an meine Freundin Christina, für das wunderschöne Christkindbild und die Weihnachtserinnerungen an unseren Integrations-Christbaum – Soulsista forever.

… an all die anderen lieben Familienmitglieder, mit denen wir Jahr für Jahr auch Weihnachten feiern dürfen. Es ist uns eine Freude unter euch zu sein!

… an meine Freunde, Arbeitskollegen und all die lieben Menschen, die ich auf meinem Lebensweg treffen durfte und welche mich noch immer begleiten und unterstützen. Danke, dass ihr mich in meinem Sein und Tun bestärkt!

… an den einzig wahren Weihnachtskater Goody.

Über die Autorin:

Marina Bauer lebt schon mehr als 35 Jahre in der Buckligen Welt und ist Frau, Ehe-Frau, Kind, Mama, Schwester, Freundin, Tante, Dipl. Sozialpädagogin, Mentaltrainerin, Drogerie-Angestellte, Bachblütenberaterin, Landei, Sonnenschein, manchmal auch Regen- oder Gewitterwolke, Katzenliebhaberin und sie mag Gänseblümchen.